Bradford Telford & Michael Cader

Die Kunst, eine richtige Katze zu werden

Bradford Telford & Michael Cader

Die Kunst, eine richtige Katze zu werden

Viertausend Jahre alte Geheimnisse, wie man seinen Besitzer erobert

Illustrationen von Peter Spacek

Aus dem Amerikanischen übersetzt
von Susanne Dahmann

Marion von Schröder

Die Originalausgabe ist 1997 unter dem Titel The Rules for Cats
bei Dutton, New York, erschienen.

Der Marion von Schröder Verlag ist ein Unternehmen
der Econ & List Verlagsgruppe

ISBN 3-547-79061-1

Satz: Franzis print & media GmbH, München
Druck und Bindearbeiten: Pustet, Regensburg

Inhalt

Wer die Regeln beherrscht, ist Herrscher

Die Regeln für Katzen

Wer die Regeln beherrscht, ist Herrscher

Die Geschichte der geheimnisvollen Herrscher-Katze

Offenbar erinnert sich niemand genau daran, wie es mit den hier beschriebenen Regeln für Katzen anfing. Während Elefanten nie etwas vergessen, sorgen Herrscher-Katzen dafür, daß ihre Besitzer niemals etwas vergessen. Experten sind jedoch der Ansicht, daß die Regeln bis in die legendäre zwanzigste Dynastie des Alten Ägypten, 1300 vor Christus, zurückverfolgt werden können. Nachdem man das steinerne Grab von Ramses II., der die beispiellos lange Zeit von 67 Jahren über das Reich am Nil herrschte (das sind unglaubliche 469 Katzenjahre), geöffnet hatte, waren die Archäologen fassungslos angesichts dessen, was sie dort entdeckten. Die Grabkammern enthielten in der Tat alles, was ein Ägyptologe dort zu finden erwarten würde: Gold und Silber, Sarkophage und Thronsessel, Krummstab, Wedel, Zeichen des Sonnengottes Re und eine sehr gut erhaltene Erbswurst (haltbar ca. 5000 Jahre). Aber des Pharaos Zimmerflucht wirkte geradezu ärmlich gegen die atemberaubende Schönheit der königlichen Katzen-Gemächer.

Die Schätze, die man dort fand, übertrafen alle Vorstellungskraft: handgeschnitztes Katzenspielzeug aus Holz, Fäden von gesponnenem Hanf, juwelenverzierte Katzenbetten, die mit wunderbar erhaltenem Plüsch ausgelegt waren. Und unzählige Gefäße aus durchsichtigem Alabaster standen dort, gefüllt mit 3000 Jahre altem Haustierbedarf: assyrisches Katzenfutter aus Myrrhe, hethitisches Katzenstreu, ein außergewöhnliches Halsband aus gehämmertem Gold, das mit persischen Türkisen verziert und mit einer Inschrift versehen war, die Fliegen und Flöhe fernhalten sollte, und schließlich fast ein Pfund Holzstaub von Zypressen, der wahrscheinlich von einem wunderbaren königlichen Kratzbaum stammte.

Die Forscher wußten bereits, daß die alten Ägypter Katzen verehrten (so wie es sich gehört), aber sie hatten niemals etwas Vergleichbares gesehen. Vor allem versetzte sie eine bemerkenswerte Reihe von Hieroglyphen, die folgende Aussage preisgab, in Erstaunen:

Regel Nr. 24: Pharao, oder nicht – er muß Dein Katzenstreu erneuern.

Damit war die Katze aus dem Sack.

Seit viertausend Jahren sind Katzenhalter von ihren Tieren fasziniert und auf sie fixiert. Und wer jetzt noch glaubt, das sei Zufall, Glück oder irgendein Witz der Evolution, der denkt besser noch einmal gut nach. Das alles rührt von den *Regeln für Katzen* her, diesen sechsunddreißig einfachen Punkten, die jede Katze – auch Dich! – für ihren Besitzer unwiderstehlich machen, sei er nun Pharao, Staatsanwalt oder Schwerverbrecher.

Die gegenwärtige Krise der Herrscher-Katzen

Wir Herrscher-Katzen haben seit Jahrtausenden – von den Tempeln der Vorzeit bis hin zu den modernen Mietskasernen – unsere Geheimnisse tradiert und die Wunder der *Regeln für Katzen* miteinander geteilt. Seit Anbeginn der Welt tun die Katzen dies füreinander.

In unserem Jahrhundert jedoch hat sich das Leben der modernen Herrscher-Katzen einschneidend verändert. Viele von uns sind als Schauspieler, Musiker oder Vorstandsmitglieder zu Ruhm und Reichtum gelangt, und in den USA sind Katzen sogar zum beliebtesten Haustier gekürt worden. Die Katze von heute hat neun aufregende und erfüllte Leben vor sich, die nicht das geringste mit dem ihrer Besitzer zu tun haben (denn wer kann schon eine Katze *besitzen*?). Herrscher-Katzen sind unabhängig, willensstark und selbstbestimmt.

Doch, Pfote aufs Herz, in Wirklichkeit sehnen wir uns tief in unserem Inneren doch nach dem altmodischen Katzenleben zurück. Der gemütliche Schoß und das Nickerchen, die Regentage, die man drinnen verbringt (während der Hund *draußen* bleiben muß), und jede Menge herrlicher geräucherter Lachs. Und wir alle wollen doch, daß unsere Besitzer verrückt sind nach uns. Es ist schön, angebetet zu werden, da muß man nur den Aga Khan oder Sharon Stone fragen.

Wie auch immer – die Hektik, in der wir all unsere Leben und unsere sagenhaften Karrieren meistern, während wir gleichzeitig als Katzen in den Haushalten der Welt das Sagen haben müssen, hat ihren Tribut gefordert. Viele von uns kennen die Grundregeln, die uns viertausend Jahre lang zum Gegenstand göttlicher Verehrung gemacht haben, nur noch bruchstückhaft oder gar nicht mehr.

Kürzlich trafen wir unsere Freundin Melanie beim Tierarzt, und sie flüsterte uns zu: »He, ich lasse meinen Besitzer die Schoßzeit beenden, ist das richtig? Oder muß es andersherum sein? Außerdem habe ich die Essensreste vom vorigen Samstag am Donnerstag noch angenommen. Das ist doch in Ordnung, oder? Und letzte Woche habe ich mich ganz kurz so benommen wie ein Hund, um zu sehen, was mein Besitzer machen würde. Er schien es zu mögen, allerdings nennt er mich seither manchmal Hexe.«

Er nennt sie *Hexe*? Warum nicht gleich *Hasso*?

Wir kratzten uns den Kopf, wir kratzten den Tierarzt, wir kratzten den kleinen Fleck hinter unserem Ohr, der wohl nie aufhören wird zu jucken, und überlegten, was wir tun könnten. Überall im Land waren Katzen dabei, die *Regeln für Katzen* unwissend und gedankenlos zu brechen und so ihren Status als wahre Hausgötter und -göttinnen zu gefährden. Es gab sogar Katzen, die kamen, wenn man sie rief. Es mußte etwas getan werden, und – so sagten wir uns – der Stift ist mächtiger als die bloße Tatze.

Die Katzen von heute brauchen Hilfe. Es scheint, als hätten sämtliche Kätzchen die Tradition der *Regeln* buchstäblich verschlafen. Sie brauchen einen Weckruf! Also gingen wir daran, die *Regeln* für alle diejenigen unter uns zu Papier zu bringen, die das Grundwissen über Schläfchen und Essensreste, Wollknäuel-Installationen und Katz-und-Maus-Spielchen wieder erlernen wollen, und die wissen wollen, wie man Ausgelassenheit verkörpert und gleichzeitig ein lebendiges Geheimnis darstellt.

Aber als wir gerade letzte Pfote an diesen Band legten, an unseren Ratgeber und unser Meisterwerk, da sahen wir zwei Frauen in einer Talkshow, die ein anderes Buch über die *Regeln* geschrieben haben, das zumindest in den Vereinigten Staaten für einige Aufmerksamkeit gesorgt hat. Wir möchten gegenüber den Autorinnen (und den Tausenden von Frauen, deren Selbstwertgefühl sie systematisch gesteigert haben) nicht unhöflich wirken, müssen hier aber doch in aller Deutlichkeit sagen, daß die *Regeln für Katzen* schon viel länger existieren, nämlich ungefähr viertausend Jahre länger. Daran gibt es nichts zu rütteln.

Worin bestehen nun die Regeln für Katzen?

Wir sind unseren Besitzern ein Rätsel. Sie wundern sich, wenn wir an scheinbar köstlichen Essensresten schnüffeln, um dann unsere Nasen in die Luft zu halten und hochmütig davonzustolzieren. Sie fragen sich, wie wir es schaffen, wieder und wieder eine unnachahmlich elegante Schlafposition einzunehmen. Unsere Besitzer reden sogar untereinander darüber, daß sie ihre Katzen in Wirklichkeit gar nicht *besitzen*, sondern daß vielmehr die Katzen sie ganz und gar besitzen, und wie sie das erfreut und zugleich erstaunt. »Warum«, fragen die Besitzer wie ein buddhistischer Novize wieder und wieder, »ist das nur so?«

Die einfache Antwort lautet: Die *Regeln für Katzen*. Die scheinbar seltsamen, ungewöhnlichen, irrationalen, eigenartigen, unerklärlichen und geheimnisvollen Verhaltensweisen, für die Katzen bekannt sind und verehrt werden, sind weniger das Ergebnis von

Millionen von Jahren der Evolution und der Erziehung, sondern der getreu gelebten Regeln für Katzen. Wir verhalten uns mit Absicht kurios und weltfremd; das alles ist Teil eines göttlichen und vielseitigen Planes. Und wir setzen diese Regeln derart perfekt um, daß wir dabei völlig natürlich und erstaunlich katzenhaft erscheinen. Raffiniert, nicht wahr?

Jeder Aspekt einer Herrscher-Katze ist interessant, aber besonders interessant ist es zu sehen, wie alle anderen »Regeln« neben der Schönheit, Anmut und dem ewigen Wissen, das in jeder einzelnen Regel für Katzen enthalten ist, verblassen. Nehmen Sie folgendes Beispiel:

Die »Regeln« für Katzen	**Die von Menschen erdachten »Regeln«**
Sei frech, aber geheimnisvoll	**S**eien Sie aufrichtig, aber geheimnisvoll
Beende Du eine Schoßzeit	**B**eenden Sie die Telefongespräche
Nimm nach Mittwoch keine Essensreste vom Samstag mehr an	**N**ehmen Sie nach Mittwoch keine Einladung mehr für Samstag an
Stoße Lampen und Nippes um, aber verstoße niemals gegen die Regeln	**V**erstoßen Sie niemals gegen die Regeln

Die meisten Menschen, die ihre »Regeln« lesen, werden nervös und brechen in Schweiß aus (bestenfalls), oder sie werden berechnend und verfallen in Selbstanklagen (schlimmstenfalls). Unsere »Regeln« hingegen informieren Kätzchen in aller Welt und stellen die Freuden (und manchmal auch die Last), die der Besitzer einer Herrscher-Katze erlebt, schonungslos dar.

Spiele jetzt einmal das folgende Beispiel anhand eines kurzen Ausschnittes dieses schon erwähnten anderen Buches durch. Wann immer Du die Worte »Ehemann« und »Mann« siehst, ersetze sie einfach durch »Besitzer«. Wann immer Du »Ehefrau« und »Frau« siehst, ersetze durch »Katze«.

> »Wenn Sie nicht von Anfang an die Regeln angewandt haben, kann es durchaus sein, daß Ihr Mann Sie vernachlässigt, in rüdem Tonfall mit Ihnen umspringt oder Sie schlecht behandelt. (...) Derselbe Mann, der sich einer Frau gegenüber, die ihm nachgelaufen ist, gleichgültig zeigt oder sie vernachlässigt, würde bei einer Frau, die sich an die Regeln hält, nicht im Traum auf die Idee kommen, dies zu tun.«

Das macht die Sache wohl recht deutlich. Natürlich fühlen wir Herrscher-Katzen uns geehrt, daß die beiden Autorinnen dieses anderen Buches so große

Stücke auf die *Regeln für Katzen* halten. Es ist in der Tat ein System, mit dessen Hilfe Katzen in der ganzen Welt ihre Besitzer umgarnen, erfreuen, für sich einnehmen und entzücken. Aber Herrscher-Katzen sind nun mal anders als Frauen. Herrscher-Katzen kandidieren nicht für den Senat, haben keine leitende Position in wichtigen Unternehmen inne, haben nicht einige der besten Werke der Literatur in den vergangenen zwei Jahrhunderten geschrieben und spielen nicht in *Das Traumschiff* mit. Und Frauen (Ausnahme bestätigen die Regeln) zerkratzen kein Mobiliar oder marschieren mit frischer Beute, die ihnen aus dem Maul hängt, umher.

Ist das denn so schwer zu verstehen?

Hoffentlich nicht. Aber wenn Deine Besitzerin sich in der letzten Zeit den Männern in ihrem Leben gegenüber seltsam verhält, wenn sie viel Gewicht verloren hat und an Schlaflosigkeit leidet, wenn sie einen Nervenzusammenbruch erlitten hat und Hilfe bei einer psychologischen Beratungsstelle gesucht hat, dann weißt Du, daß sie die *Regeln für Katzen* in der für Menschen abgeschwächten Form gelesen hat. Wenn die Dinge so liegen, mußt Du besonders nett zu Deiner Besitzerin sein. Sie braucht jede Hilfe, die sie bekommen kann. Derweil tragen wir gemeinsam unseren Teil dazu bei, den Wahnsinn zu stoppen und den Teufelskreis der Zerstörung zu durchbrechen.

Einige berühmte Herrscher-Katzen

Wenn Du die *Regeln für Katzen* befolgst, dann beherrschst Du einen warmen, weichen Platz im Herzen Deines Besitzers, ganz zu schweigen von einem Wäschekorb und einer Sporttasche. Halte Dich also treu an diese 36 Regeln – und an jede andere, die Dir einfällt. Wir animieren jede Herrscher-Katze dazu, neue Regeln aufzustellen (solange wir unsere zehn Prozent bekommen). Du wirst Deinen Besitzer dazu bringen, den Boden, auf dem Du schreitest, zu verherrlichen. Er wird Dich wie ein unvergleichliches Wesen behandeln, Dein Schlafkissen aufschütteln, Dein Katzenstreu erneuern und Deinen Kopf kraulen, egal wie oft Du seinen Couchtisch liebkost hast. Am Ende besitzt jede Herrscher-Katze ihren sogenannten »Besitzer«.

Aber was danach kommt, liegt an Dir und den neuen Vorstellungsweisen, die mit Deinen neun legendären Leben einher gehen. Die vollkommene

Herrscher-Katze hat begriffen, daß das Besitzen des Besitzers zwar der erste Schritt, aber noch lange nicht der letzte Schritt ist. Mit dem rechten Maß an Kreativität und Voraussicht (und vielleicht dem richtigen Agenten, Verleger oder Masseur) kann eine Herrscher-Katze von der bescheidensten Chaiselongue zu den größten Höhen der Macht, des Ruhmes und des Reichtums aufsteigen. Schau Dir einfach die folgenden Herrscher-Katzen und ihre Erfolgsgeschichten an:

FELIX THE CAT
Jeder weiß, daß er einen ganzen Koffer voller Tricks drauf hat. Aber wußtest Du, daß es ein Louis-Vuitton-Koffer war, mit passender Handtasche und Halsband?

DER ROSAROTE PANTHER
Die erste Regel für Katzen müßte eigentlich heißen: Sei ein unvergleichliches Wesen, zum Beispiel mit fünf Spielfilmen, exotischen Drehorten, sexy Darbietungen und riesigen Diamanten. Was will man mehr?

Kater Sylvester

Zugegeben, er hat Tweety nie gekriegt. Aber hast Du schon mal seine Suite im Beverly Wilshire gesehen?

Garfield

Er lebt vielleicht mit einem Hund zusammen, aber dieser Kater beherrscht seinen Schlafplatz wie kein anderer. Sein Erfolg kann in drei einfachen Worten zusammengefaßt werden: Beziehungen, Beziehungen, Beziehungen.

Der König der Löwen

400 Millionen Dollar Filmeinnahmen, von geschickten und ergebenen Managern verwaltet? Rechne selbst nach.

Einige von Euch werden die Näschen kraus ziehen, weil diese Mega-Herrscher-Katzen sämtlich Comicfiguren sind. Ihr denkt vielleicht, sie seien nicht repräsentativ, zu billig oder zu zweidimensional. Meine Güte! Wir versprechen Euch Glück, Sicherheit und weitreichenden kulturellen Einfluß, und Ihr quäkt von einer dritten Dimension! Bei den *Regeln für Katzen* geht es nicht um Tiefe, es sei denn es ist von Kissen die Rede. Aber hier sind dennoch ein paar echte Beherrscher der Regeln für die Puristen unter Euch:

DIE SPHINX

Ein Beweis dafür, daß die Verehrung von Katzen bei den alten Ägyptern soweit ging, daß sie versuchten, sich in Katzengestalt darzustellen. Sie schufen damit ein unvergleichliches Symbol für die oberste Regel der Herrscher-Katzen: Sei geheimnisvoll und rätselhaft!

DER TIGER IM TANK

Die halbe Welt tut den Tiger in den Tank, während der Tiger den seinen mit dicken Geldscheinen füllt.

DER LÖWE VON MGM

Er ist der Größte.
Er ist der Beste.
Er hält 12 Prozent vom Ganzen.

DAS MTM-KÄTZCHEN

Es stimmt, das Mary Tyler Moore später noch *Eine ganz normale Familie* drehte, aber das kleine Kätzchen in ihrem Logo war so unglaublich süß, daß es sich inzwischen in einem schicken Haus am Strand von Boca Raton zur Ruhe setzen konnte.

CLARENCE

Leider ist diese Landarzt-Serie für Safari-Freunde nur noch selten in einem Fernsehprogramm mehr zu finden. Dabei lächelt keiner so professionell schön wie Onkel Daktari, und niemand schielt so wunderbar wie Clarence.

Hier sind noch ein paar andere Katzen, die die Regeln befolgt oder gebrochen haben, oder die eigene Regeln entworfen haben:

HOBBES – Laß Calvin Calvin sein. Meistens jedenfalls.

TOM – Verhalte Dich im Streit mit Jerry professionell und nicht wie ein Raubtier.

DIE KATZE VON NEBENAN – Schlag Deine Krallen in Snoopys Hundehütte, oder schnapp Dir seinen Freund Woodstock, wenn er zu frech wird.

KITTY KELLY – Wenn Deine Besitzer anfangen zu singen, verkriech Dich am besten unterm Sofa.

Doch zuerst einmal geht es um das Produkt – um Dich!

Es ist alles ganz einfach. Jede Herrscher-Katze ist mit einem großartigen Pelzmantel geboren, mit dem unzählige Frauen (und sogar ein paar Männer) für ihr Leben gern einmal auf der Madison Avenue flanieren würden. Ob er nun lang oder kurz, einfarbig, gestreift oder gefleckt ist – wir besitzen den Pelz, was uns am meisten zum Vorteil gereicht. Dabei ist es ganz egal, welche Haltung man in der Pelzdebatte einnimmt, denn der Pelzmantel einer Herrscher-Katze ist immer politisch unanfechtbar (im Gegensatz zu Theo Waigel).

So sehr sie um ihre Erscheinung bemüht ist, versucht die Herrscher-Katze jedoch, ihre grundlegende Körperpflege nicht in Gegenwart ihres Besitzers zu betreiben. Das ist ihre Privatsache. Also, krieche hinter einen Vorhang, gehe in ein leeres Zimmer oder verstecke Dich hinter der angenehm warmen Waschmaschine oder dem Trockner und putze Dich blitzblank.

Da nun eine Herrscher-Katze ihren Besitzer aber doch wissen lassen will, was sie durchmacht, um ihm zu gefallen (und um sich an die Gesetze der Tierkunde zu halten), habe keine Hemmungen, das obligate Haarknäuel herauszuwürgen. Dein Besitzer wird Verständnis haben. Das ist der kleine Preis, den Du zahlst, um ihm eine Freude zu machen. Und es ist der kleine Preis (und nur eine mittelgroße Schweinerei), den er dafür zahlt, der glückliche Besitzer von Dir, einer makellosen Katze zu sein.

Apropos »Produkt«

Herrscher-Katzen macht es nichts aus, ein »Produkt« genannt zu werden. Schließlich leben wir in den Zeiten des Kapitalismus. Geheimnisvoll, ausgelassen, uneinnehmbar und von jedem Besitzer angebetet, können Herrscher-Katzen dennoch für irgendeinen Preis aus einem Käfig geholt werden. Viele Besitzer wenden sich an Züchter, die exotische Katzen zu extrem hohen Preisen anbieten. Aber was spielt das Geld schon für eine Rolle gegenüber dem Erlebnis, ein Wesen wie kein anderes zu besitzen und Schuldgefühle wie kein anderer zu haben? Es imitiert eine Herrscher-Katze nicht, zu einer Ware gemacht zu werden. Wir sind Herrscher-Katzen. Wir erlauben unseren Besitzern, sich im Mythos der Eigentümerschaft zu sonnen, weil sie sich dann besser fühlen:

Regel Nr. 26: Laß Deinen Besitzer der Besitzer sein. Meistens jedenfalls.

Ein paar »historische« Regeln, die man berücksichtigen sollte

DIE ZEHN GEBOTE

Jetzt schaut Euch einmal an, wo Moses & Co. ihre Zeit verbracht haben – in einem Sandkasten voller Katzenstreu von biblischen Ausmaßen. Und dann dieses »Du sollst keine Götter neben mir haben« – wie Hunde, Goldfische und goldene Kälber. Füge noch ein »Du sollst Herrscher-Katzen und die monotheistische Gottheit Deiner Wahl verehren« hinzu, und es wird ein rechtes Gebot daraus.

DIE 95 THESEN VON MARTIN LUTHER

Papst Leo X. war ein notorischer Katzen-Hasser, der versucht hat, alle um den Vatikan herumstreunenden Tiere einfangen zu lassen und wirklich unchristliche Dinge mit ihnen zu tun. Das gibt einem doch zu denken.

Die Unabhängigkeitserklärung
Unabhängigkeit – müssen wir noch mehr sagen?

Dornenvögel
All das leckere Geflügel – da geht doch der Jagdtrieb mit einem durch!

Die Katze auf dem heissen Blechdach
Ein gewagter Stunt von langanhaltender Wirkung.

Und was das Musical *Cats* angeht, so gestehen wir mit der größten Freude zu, daß Lloyd Webber uns fast ebensogut vermarktet wie sich selbst.

Die Regeln für Katzen

REGEL NR. 1

Sei ein unvergleichliches Wesen

Also, Du bist eine Katze. Du hast herumgetollt, warst übermütig, hast Dich gereckt und gestreckt, hast ein Schläfchen gehalten und Deinen Pelz, Deine Krallen und Deine grundsätzliche Katzenhaftigkeit gepflegt. Nun hast Du die Regel Nr. 1 gelesen und zu Dir selbst gesagt – *Felix domestica*, was könnte man noch mehr wollen? Du meinst, Du hast alles im Griff. Die Sache ist für Dich gelaufen.

Oh, denk noch einmal nach!

Die Herrscher-Katze weiß, daß es wenig mit weltlichen Dingen wie Herkunft oder Rasse zu tun hat, ob man ein unvergleichliches Wesen ist. Der Herrscher-Katze ist das, was ihr in den Schoß fällt, nie genug. Aber sie weiß auch, daß es für ein unvergleichliches Wesen nicht genügt, sich besonders kuschelig zu geben, ein außergewöhnliches Fell zu besitzen oder sehr ausgelassen zu sein. Kurz gesagt: Es ist alles eine Sache der Erziehung.

Das Herrscher-Kätzchen braucht keinen tadellosen Stammbaum. Einige der besten Herrscher-Katzen kamen aus schrecklicher Umgebung – aus Tierasylen, von der Straße, oder aus thailändischen Restaurants. Aber Erziehung, wie jede Herrscher-Katze weiß, bedeutet nicht blaue Schleifchen, alter Stammbaum und symmetrische Barthaare, sondern schlichtweg: guter altmodischer Stil.

Du gehst (ästhetisch), schnurrst (verstohlen) und schaust (majestätisch). Du putzt Dich nicht einfach, sondern Du verschönerst einen Planeten. Du machst nicht nur ein Schläfchen, sondern Du bist die Erfüllung eines prophetischen Traumes. Die Herrscher-Katze sitzt nicht einfach auf dem Sofa, sondern vollendet ihre künstlerischen Möglichkeiten. Wenn Du auf den Couchtisch springst und eine klassische Haltung einnimmst, entsteht plötzlich ein Bild, das eines Impressionisten würdig wäre.

Es spielt keine Rolle, daß Du nicht weißt, wer Dein Vater ist, und daß Deine Mutter eines Deiner Geschwister aufgefressen hat. Du bist eine Herrscher-Katze. Du bist das großartigste Haustier selbst für den wählerischsten aller Besitzer. Aber ist er auch der beste Besitzer für *Dich*?

Er sollte sich bemühen, es zu sein, denn wie die Dinge auch immer liegen, so ist doch der Besitzer einer Herrscher-Katze davon überzeugt, daß seine Katze der reinlichste und faszinierendste Pelz ist, der je auf vier Beinen herumlief. Und die Herrscher-Katze ist derselben Meinung. Natürlich hat jeder mal einen schlechten Tag. Aber auch wenn Du Dich mal schlecht fühlst, wenn Du Angst vor Räude, Flöhen, Tics oder einer der anderen zahlreichen Plagen hast, die die moderne Katzenheit heimsuchen, dann laß es Dir nicht anmerken. Eine Herrscher-Katze zu sein bedeutet nicht, Du selbst zu sein, sondern die Regeln zu befolgen.

REGEL NR. 2

Und komm verdammt noch mal nicht, wenn sie Dich rufen

Besitzer haben seit jeher ihre Katzen gerufen. Und viertausend Jahre lang wußten die Katzen immer genau, was sie daraufhin tun mußten: nämlich nichts. Aber in den 60er Jahren, als die Katzen aller Welt sich für gleiche Rechte einsetzten, ihre Halsbänder verbrannten und ihr Fell lang wachsen ließen und es nicht mehr wuschen, geschah etwas Schreckliches: Besitzer riefen, und Katzen kamen. Sicherlich war das eine Zeit der großen sozialen Umwälzungen. Das Zuhause war längst nicht mehr der sichere Hafen, der es während der Ära Adenauer gewesen war, als Katzen ein Luxusleben auf bequemen Fensterbrettern und weichen Sesseln führten (während die Hunde draußen im Hof blieben, wie schön). Aber 1968 wurde das Wohnzimmer von Janis Joplin auf dem Plattenspieler, Hippies im Fernsehen und von Hunden, Katzen, Schlangen, Eidechsen und Studenten beherrscht, die sich um Platz, Aufmerksamkeit und Essensreste drängelten. Das Wort »Katze« wurde zum Synonym aller Arten von freundlichen, anpassungsfähigen Kreaturen, wie die »cool cat«, der volkstümliche Cat Stevens und sogar Josie und ihr Haufen musikalischer Pussycats.

Katzen verließen ihre Podeste (und andere gemütliche Plätze), um gegen kriegführende Hunde zu protestieren, für die Legalisierung von Katzendrogen einzutreten und mit ihren Mitbewohnern im Haushalt Frieden zu schließen. Dies war eine wichtige Zeit in der Geschichte der Katzenheit, und die Herrscher-Katze kann dieser Generation von Katzen, die Bequemlichkeit, Luxus und Reichtum gegen das, was wirklich zählt, eintauschte, nie genug danken.

Aber die Herrscher-Katze weiß auch, was **heute** zählt. In den sechziger Jahren verloren Katzen ihr Geheimnis zugunsten der Prinzipien der Gleichheit, und ohne das sind die Kreaturen wie viele andere. Heute ist es deshalb wieder von Bedeutung, geheimnisvoll zu sein, sich durchzusetzen und die Regeln zu befolgen. Und die Regeln sind glasklar: Komm nicht, wenn sie Dich rufen. Verdammt noch mal.

Wenn Du es doch tust, dann bringst Du Deinem Besitzer damit nur bei, etwas von Dir zu erwarten, wie Reaktionen, Stöckchen und Zeitungen. Sicher, Du willst Deinem Besitzer auch etwas beibringen, aber doch nicht so etwas!

ZEIT FÜR EIN KLEINES RATESPIEL

Die Regel ist also relativ klar. Komm nicht, wenn sie Dich rufen. Sag einfach nein. Tu es einfach nicht. Und hier sind ein paar Fragen dazu, und weil wir nun mal im Zeitalter des multiple choice leben, haben wir ein paar Fallen eingebaut:

1. *Dein Besitzer kehrt von einem Wochenendausflug zurück und ruft nach Dir: »Hierher, Rufus.« Was machst Du?*

A. Du rennst ins Wohnzimmer, springst Deinem Besitzer auf den Arm, bedeckst ihn mit feuchten, sabbernden Küssen und leckst ihm die Wange.

B. Du schleichst schüchtern auf Deinen Besitzer zu und »beschnupperst« ihn mit Deiner Zunge.

C. Du rollst mit den Augen, schließt Dein zweites Augenlid und setzt Dein Schläfchen fort.

2. *Dein Besitzer bereitet etwas Lachs vor und ruft: »Komm hierher, Miez, Miez, Miez, hol Dir Dein Leckerchen!« Und was machst Du?*
A. Du eilst in die Küche, machst Männchen und bettelst.
B. Du krächzst laut, schlägst mit den Flügeln und antwortest in fließendem Deutsch.
C. Du rollst mit den Augen, schließt Dein zweites Augenlid und setzt Dein Schläfchen fort.

3. *Dein Besitzer rutscht aus, fällt hin, bricht sich das Bein und schreit laut: »Lily!« Was tust Du?«*
A. Du legst Dich neben ihn und jaulst voller Mitgefühl.
B. Du erklimmst Deinen Katzenbaum »Miezenglück« und fängst an, herumzutollen.
C. Du rollst mit den Augen, schließt Dein zweites Augenlid und setzt Dein Schläfchen auf der gemütlich warmen Brust Deines bewegungsunfähigen Besitzers fort.

UND FÜR DEN ZUSATZPREIS:

Was ist das zweite Augenlid?

A. Ein in höchstem Maße süchtig machender chemischer Bestandteil von Katzenfutter.

B. Ein Begriff unter professionellen Katzen, der soviel heißt wie »mit einer Maus, einer Motte oder einem anderen lästigen Getier spielen«.

C. Das von einem großartigen Designer entworfene Verdeck, das das Auge der Katze schützt und wie ein zusätzliches Augenlid fungiert.

REGEL NR. 3

Benimm Dich nicht wie ein Hund

Herrscher-Katzen halten sich an die Regeln, und das macht sie zu so außergewöhnlichen Kreaturen. Und deshalb werden sie sich auch *niemals* und *auf keinen Fall* so benehmen wie ein Hund. Vergiß nicht, daß Hunde Haustiere sind, während Katzen zur Familie gehören, und Herrscher-Katzen – im Gegensatz zu Lady Di – sogar Mitglieder des Könighauses sind.

Wir kennen eine Katze, deren Lebensstil den Neid all ihrer Freundinnen weckt. Schon die Häuser, in denen sie lebt, könnten Gegenstand eines ausgewachsenen Katzendrogen-Rausches sein: ein *pied-à-terre* an der Fifth Avenue (herrlicher Ausblick von vielen wunderbaren Fensterplätzen aus); ein Häuschen mit Blick aufs Meer in East Hampton (manche Katzen haben eine Kiste mit Katzenstreu, diese hier hat einen ganzen Strand davon zur Verfügung); und ein beachtliches Anwesen in den Jagdgebieten von

Was stimmt hier nicht?

New Jersey (beachtlich viel Chintz, beachtliche Sessel). Das reicht aus, um selbst einer hartgesottenen Herrscher-Katze Schaum vor das Maul zu treiben. Aber eine Herrscher-Katze bekommt keine Tollwut. Der einzige Schaum, den eine Herrscher-Katze je vor dem Maul hat, ist der von frisch aufgeschäumter Milch (halte Dich an die Regeln, und solche Leckereien sind Dein!). Aber es geht noch weiter: Der Besitzer dieser Katze redet von ihr, als wäre sie eine Lieblingstochter. Er beschreibt sie in den schillerndsten Farben und verfällt bei ihren kleinsten Herumtollereien in Entzücken. Und nun fragst Du Dich sicher, wie diese unglaublich glückliche Katze heißt, nicht wahr?

Sie heißt *Hund*.

Sie benimmt sich nämlich wie einer.

Rolle Dich nie auf die Seite, spiele niemals tot und fang nicht an, mit dem Schwanz zu wedeln. *Hund* benimmt sich wie ein Hund. *Hund* kommt, wenn sie gerufen wird. *Hund* schüttelt sich. *Hund* apportiert Stöckchen. *Hund* läßt sich sogar von ihrem Besitzer an einer Leine durch den Central Park führen. Vergiß das niemals.

Du siehst ja, wohin das führen kann. Es wird nicht mehr lange dauern, dann wird der Besitzer von

Hund sie mit Chappi füttern, wird von ihr verlangen, daß sie Frisbees fängt und das Bein hebt, wenn sie pinkelt. Und ich verwette mein Katzenstreu, daß er sie irgendwann »Köter« nennen wird. Und das alles nur, weil *Hund* sich nicht an die Regeln hält. Übrigens kann *Hund* nicht einmal lesen. Vielleicht ist das ja genau ihr Problem.

Behalte *Hund* im Gedächtnis, aber benimm Dich nicht wie *Hund*. Benimm Dich **niemals** wie ein Hund.

REGEL NR. 4

Überlege Dir gut, ob Du mit einem Hundebesitzer zusammenleben willst

A*uge um Auge* heißt die Devise heutzutage. Manchmal aber bedeutet das auch »Hund um Katze«. Deshalb sollte sich eine Herrscher-Katze gut überlegen, ob sie mit einem Hundebesitzer zusammenleben will. Hunde bedrohen die grundsätzliche Existenz einer Herrscher-Katze, und wenn sie das einmal nicht tun, so sind sie doch immer laut, schlampig und launisch. Wenn Dein Besitzer nicht gerade Fußballfan ist, dann werden ihn diese Eigenschaften des Hundes unbotmäßig von der Anbetung Deiner Person ablenken. Ist er aber Fußballfan, dann kannst Du entweder während wichtiger Spiele die Wohnung in Streichholzlänge zerlegen, oder du kannst Dich in Sicherheit bringen, indem Du Dich selbst zur Adoption freigibst.

REGEL NR. 5

Sei ausgelassen, aber geheimnisvoll

Bei den *Regeln für Katzen* dreht sich vieles um Deine persönlichen Fähigkeiten. Die Regeln verlangen Willensstärke, Kraft und einen außergewöhnlichen Katzen-Charakter. Wer die Regeln befolgt, der tut nicht einfach, was ihm zufällt, was er möchte oder was ihm Freude macht. Er befolgt die Regeln. Du willst, daß Dein Besitzer Dich respektiert, fürchtet und sogar anbetet (nimm Dir Nofretete, Deng Xiao Ping oder Elvis zum Vorbild). Eine Herrscher-Katze aber vergißt nie, daß Anbetung auch gezügelt werden will.

Mit der Ausgelassenheit hingegen ist es etwas völlig anderes. Besitzer lieben es, wenn ihre Kätzchen ausgelassen sind, solange sie sich dabei schlau, originell und geheimnisvoll verhalten.

Es gibt zum Beispiel keine bessere Methode, Dein

eigenes Selbstwertgefühl und das Gefühl der Bewunderung oder Begeisterung bei Deinem Besitzer aufzufrischen, als bei einer Dinner Party mit zwölf Personen (jede Menge angeheiratete Verwandte und Chefs), zwischen, sagen wir, der Suppe und dem Sorbet, triumphierend durch das Eßzimmer zu sausen, die Konkursunterlagen oder die Leoparden-Unterwäsche Deines Besitzers im Maul.

Aber eine Herrscher-Katze sollte anspruchsvolle Stunts wie diesen für die Zeiten aufheben, in denen ihr Besitzer nicht zugegen ist. In seiner Gegenwart reichen die üblichen Herumtollereien aus dem Repertoire völlig aus. Denn Du willst Deinen Besitzer schließlich nicht düpieren, indem Du ihn wissen läßt, daß Du klüger bist als er. Also konzentriere Dich, wenn er da ist, aufs Fliegenfangen, das Spielen mit dem Wollknäuel und das Nagen an den Zehen, und sei das süße kleine Hauskätzchen, für das er Dich hält.

Aber wenn er schläft, nicht hinschaut oder weggegangen ist, wirst Du zu dem mysteriösen Herrscher-Tiger, von dem er träumt. Da geht es mit Dir durch. Laß es zu, sei nur vorsichtig mit elektrischen Geräten in der Nähe der Badewanne.

Hier sind ein paar Szenarios zum Thema Ausgelassenheit beschrieben. Du kannst Dich daran halten, sie mixen und verbinden oder Dir eigene ausdenken!

Die beste Zeit	Ort	Opfer
Mitternacht bis 6 Uhr früh	Schlafzimmer des Besitzers	Einer oder beide Besitzer
Mitternacht bis 6 Uhr früh	Wohnzimmer	Bang, Olufsen
6 Uhr früh	Küche	Messer, Gabel, Schere, Licht
10 Uhr	Waschküche	Bettücher, Handtücher, alles frisch gewaschen
Mittag	Garage	Werkzeug
14 Uhr	Computerzimmer	Hard- und Software
16 Uhr	Garten	kleine Tiere, große Pflanzen
18 Uhr	Bibliothek	Leselampen, Zeitungen, Cocktailrührer

Die beste Zeit	Ort	Opfer
20 Uhr	Badezimmer	Shampoo, Parfüm, Cool Water
22 Uhr	Gästezimmer	Gast

Und hier sind noch ein paar besondere Gelegenheiten,
die den Auftritt einer Herrscher-Katze
unvergeßlich machen:
Hochzeitstag und Leichenschmaus
Kneipentour, Hungerkur, Abitur
Ehekrach und Badetag
Vertragsabschluß, Hexenschuß, Koitus

REGEL NR. 6

Schnurre nie lauter als durchschnittlich, jedenfalls meistens

Besitzer lieben die Herausforderung. Und wenn sie wissen, daß sie Dich mit ihrem Kratzen, Kraulen oder Streicheln in einen Außenbordmotor verwandeln können, dann verlieren sie das Interesse. Wenn Du schnurrst, dann *willst* Du vielleicht wie eine Harley-Davidson klingen. Aber eine Herrscher-Katze schnurrt mit nicht mehr Enthusiasmus als eine kleine Maschine, jedenfalls meistens. Vielleicht wie dieser kleine vibrierende Pieper hier.

REGEL NR. 7

Beeile Dich nicht, auf irgendeinen Schoß zu kommen und andere Tips zum intimen Umgang

Wann ist es richtig, den Schoß Deines Besitzers zu Deinem Eigentum zu erklären? Die Antwort auf diese Frage ist immer von Deiner Verfassung und dem Terminkalender Deines Besitzers abhängig, ganz zu schweigen von Größe, Form, Konsistenz und Durchschnittstemperatur des jeweiligen Schoßes und dem Anteil an Naturfasern in der Kleidung, die ihn bedeckt.

Wenn Du ein kleines Kätzchen von drei Monaten bist, dann sollte ein schnelles Aufspringen und »Warmkratzen« von ungefähr 30 Sekunden völlig genügen. Wenn Du ein kürzlich adoptierter drei Jahre alter Kater mit einer Vorliebe für Jeans oder Gabardine bist, dann ist ein drei Stunden währendes nachmittägliches Schoßfest ein guter Anfang. Aber Du bist eine Herrscher-Katze. Wenn Dein Besitzer Dich liebt (und welcher Besitzer wird *Dich* nicht lieben?), dann wird er jede Deiner Entscheidungen akzeptieren.

Die wichtigste Regel lautet jedoch, mit Schoßsitzungen sparsam zu sein. Nichts macht einen Besitzer so gedankenlos wie das Gefühl, er hätte das Vertrauen seiner Katze erworben. Eine Katze wird ihrem Besitzer eine Maus, einen Vogel oder gar ein hochgewürgtes Haarknäuel schenken, aber niemals ihr Vertrauen.

REGEL NR. 8

Beende Du die Schoßsitzungen

Du kannst einen Schoß nicht wirklich besitzen, aber Du kannst ihn beherrschen. Es gibt Zeiten, in denen sich das Leben eines Besitzers fast ebenso schwierig gestaltet wie das der Herrscher-Katze (wenngleich es niemals so künstlerisch herausfordernd oder so entwaffnend geheimnisvoll sein wird). Und wenn die meisten Besitzer auch am lieb-

sten tagein und tagaus mit einem ganzen Schoß voll Herrscher-Katzen herumsitzen würden, müssen sie doch manchmal einfach aufstehen. Und dann ist der Schoß verschwunden.

Überlege doch mal: Ist Dein Besitzer ein Filmliebhaber, dann wird er lieber ins Kino gehen, als vor dem Videorecorder zu hocken (übrigens ein erstklassiger Schlafplatz – s. Regel Nr. 18). Der Fußballfan wird bei jedem Tor aufspringen. Und das Glas des Biertrinkers leert sich nur zu oft, und seine Blase füllt sich.

Auf einen wohlerzogenen Besitzer kann man sich immer verlassen, aber einen gut erzogenen Schoß gibt es einfach nicht.

EIN WAHRER SÜNDENFALL

Das Geheimnis des verschwindenden Schoßes ist vom Nebel des ewigen Rätsels umgeben, fast so wie das verschwundene Bernsteinzimmer. Eine Legende sagt, die erste Herrscher-Katze habe ihre ersten sechs Lebenstage zusammengerollt auf dem Schoß des Menschen verbracht, und als dieser sich am siebten Tage aufmachte, um das Feuer zu entdecken, das Rad zu erfinden oder seinen Lottoschein auszufüllen, begriff dies die Katze erst, als es schon zu spät war. Das arme Kätzchen landete nicht einmal auf den Füßen.

REGEL NR. 9

Streiche Deine Vorzüge heraus – und andere Tips zur Adoption

Wenn es um Adoption geht, läuft die Herrscher-Katze zu Höchstform auf. Ob es sich nun um ein sechs Wochen altes Kätzchen in einem Weidenkorb oder einen vier Jahre alten Streuner in einer Kiste aus dem Tierheim handelt – die Herrscher-Katze ist sich immer bewußt, daß sie die Nummer Eins ist. Sie ist selbstsicher, klug, sexy, spröde, rätselhaft und völlig frei von Würmern. Ihr Fell ist sauber, ihre Augen sind klar, und auch wenn sie sieben Zehen hat, dann sind es doch die sieben Zehen einer Herrscher-Katze. Die Katzen um sie herum lassen sie völlig kalt. Und am allerwenigsten interessiert sie ihr zukünftiger Besitzer. Außerdem weiß ja jeder, daß Besitzer niemals eine Herrscher-Katze adoptieren – eine Herrscher-Katze adoptiert ihren Besitzer.

REGEL NR. 10

Sei schrecklich süß... und andere Tips für kleine Kätzchen

Wenn die Besitzer noch Babys sind, sehen sie aus wie Eisenhower, Churchill oder Rollschinken. Junge Herrscher-Katzen hingegen sehen aus wie kleine Kätzchen. Müssen wir noch mehr sagen?

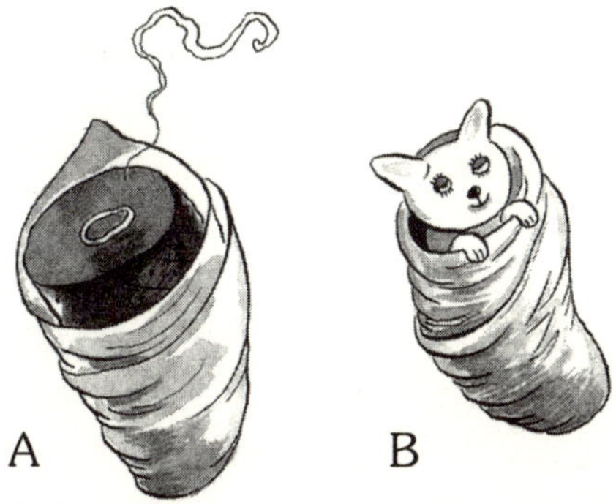

Ein Herrscher-Kätzchen läßt sich nicht einwickeln

REGEL NR. 11

Ein Schläfchen heilt alle Wunden – Wie man mit Kastrieren und Krallen-Ausziehen fertig wird

Jede Katze kennt dieses Gefühl. Du bist am Ende einer idyllischen Kätzchenkindheit angelangt. Du hast das Bett Deiner Besitzerin genossen, Du bist in ihrem Blumenbeet herumgetollt. Du hast mit Wollknäueln gespielt, hast Dich vor ihnen gefürchtet, sie vergessen und dann doch wieder mit Wolle gespielt. Die ersten sechs Monate Deines Lebens waren einfach wundervoll. Jede Kindheit ist wundervoll.

Aber jetzt weht ein anderer Wind. Wahrscheinlich hast Du bereits Dein erstes traumatisches Erlebnis mit einem Staubsauger oder einem Schaukelstuhl hinter Dir. Und in Deinem Herzen (oder irgendwo anders) fühlst Du die ersten Anzeichen von Romantik aufkommen. Gerüche wirken stärker. Das Fell ist glänzender. Wenn Du mit einer anderen Katze in einem Haus lebst, dann wird das unschuldige Balgen und Herumtollen der Kindheit über Nacht vielleicht zu einer ausgewachsenen Katzenliebe aufblühen. Und eines Tages, ungefähr nach sechs Monaten der Unschuld, passiert Es.

Es? Das ist wie Alptraum, nur schlimmer. Du wirst gegriffen, in einen Korb gesteckt, auf den Rücksitz des Autos geworfen und zu einem kalten, hell erleuchteten Ort gebracht, wo man Dich betäubt, an Dir herumschnippelt, Dich wieder zunäht und dabei unzählige Male in Dich hineinsticht. Das alles geschieht rasend schnell, und ehe Du überhaupt recht begreifst, was mit Dir passiert, ist alles vorbei. Nur eines ist sicher: Dein Dasein als verspieltes Kätzchen hat nun ein Ende.

Aber Deine Karriere als Herrscher-Katze hat gerade erst begonnen!

Die Kastration mag eine Tür schließen, aber für die Herrscher-Katze öffnet sie unzählige neue Türen. Also weigere Dich nicht. Du bist eine Herrscher-Katze, und die sträuben sich nicht gegen das, was ihre Besitzer mit ihnen machen wollen. Außerdem bist Du so sehr damit beschäftigt, Deine Besitzer zu erfreuen und neugierig zu machen, daß Du ohnehin keine Zeit für Kinder hättest. Benutze also Deine Genesungszeit dazu, dir etwas Schönes zu gönnen.

Genehmige Dir ein zusätzliches (ästhetisch anzuschauendes) Schläfchen. Und noch eines. Und noch eines. Und tröste Dich damit, daß die meisten Besitzer nicht viel von rowdyhaften Katern oder heißen und sich quälenden Katzen halten, die um das Haus jaulen.

Was die Krallen betrifft, so ist der Herrscher-Katze schon klar, daß ihre Krallen in der großen Wildnis Unabhängigkeit, Selbstvertrauen und Schutz bedeuten. Aber wer braucht das schon, wenn er doch die *Regeln für Katzen* beherrscht?

REGEL NR. 12

Hinterlasse Dreck, wenn Dir Dein Katzenstreu nicht gefällt

Was das Katzenstreu betrifft, so gilt zunächst einmal Regel Nr. 1. Du bist eine unvergleichliche Kreatur, peinlich sauber und gut erzogen. Du bist *kein* Dienstmädchen. Abgesehen davon hast Du auch weder die körperliche Stärke noch die notwendigen Daumen für diesen Job.

In Sachen Katzenstreu kann sich die Lage innerhalb kürzester Zeit vom Niveau einer Autobahnraststätte zu dem einer Bushaltestelle in Kalkutta verschlechtern. Hinterlasse also Deinem Besitzer eine angemessene Erinnerungshilfe auf irgendeinem sauberen Kissen, einem Teppich oder der Arbeitsplatte in der Küche.

REGEL NR. 13

Sei pingelig, aber nicht zu sehr

Katzen (Herrscher-Katzen wie auch andere) sind pingelig. Ihnen wohnt diese seltsame Vermischung der Sinne, die zu einem Teil Berührung, zum anderen Teil Geschmack und zum dritten Teil Geruch ist, inne. Dies gehört zu den seltsamen Dingen des Lebens, wie etwa das Schnurren, die Schwerkraft und der Erfolg von Heino, für die die Wissenschaft keine rechte Erklärung haben.

Ein Besitzer, der die Herausforderung liebt, möchte es auch gar nicht erklärt haben. Sein Wunsch ist

einzig und allein, Dich, seine geheimnisvolle, geliebte Herrscher-Katze, zufrieden zu stellen und gleichzeitig seinen Status als Schutzherr einer Herrscher-Katze, als ihr Diener und ihr Koch zu festigen. Wenn Du Deinen Besitzer nie so weit kommen läßt, daß er glaubt, er könne Dich zufrieden stellen, dann wird er sich solche Mühe geben, daß du tatsächlich immer befriedigt sein wirst!

Also jaule nicht, schmatze nicht und benimm Dich nicht wie ein Schwein. Das tun nur Hunde und irgendwelche Nicht-Herrscher-Individuen. Und friß niemals Deinen Napf leer. Laß einen Teil Deines Fressens zurückgehen, auch wenn Du kurz vorm Verhungern bist. Dann wird Dein Besitzer nicht ruhen in seinem unermüdlichen Bemühen, Dich zufrieden zu stellen. Grundsätzlich solltest Du folgendes beherzigen: Die ordinäre Hauskatze angelt sich den Kanarienvogel aus dem Käfig, aber die Herrscher-Katze läßt ihn sich an einer Auswahl von frischem Gemüse servieren.

REGEL NR. 14

Nimm nach Mittwoch keine Essensreste von Samstag mehr an

Samstag Abend. Dinner Party. Thunfischsteak – traumhaft. Das Tartare vom Hering – nicht von dieser Welt. Sogar der Salat sah recht gut aus. Mit Anchovis. Und sämtliche Freunde Deines Besitzers waren betört von Deinem Charme, Deinem Stil und Deinem unglaublich guten Aussehen. Du warst die Königin des Abends. Die derzeitige Freundin Deines Besitzers verblaßte neben Dir. Sie verließ die Party auch relativ früh. (Allergisch gegen irgendwelche Tierhaare, behauptete sie.)

Wenn Dein Besitzer etwas auf Dich hält, dann solltest Du bereits am nächsten Morgen oder gar in derselben Nacht in den Genuß der Früchte Deiner Anstrengungen kommen. Vergeht jedoch ein voller Tag, ohne daß etwas geschieht, dann kannst du ein paar Hinweise geben – setze Dich auf den Kühlschrank, schnurre ein wenig lauter (ungefähr so wie seine elektrische Zahnbürste), oder sei zurückhaltend in Deiner Ausgelassenheit (fege nur zwei Fotorahmen vom Klavier anstatt der üblichen zwölf). Das sollte genügen.

Ist jedoch der Mittwoch erst gekommen und vergangen, ohne daß sich der Kühlschrank für Dich geöffnet hätte, dann ist es an der Zeit, sich auf elegante Verweigerung einzustellen. Du bist pingelig, und Du hast nun einmal einen Ruf zu verlieren. Wenn Dein Besitzer Dir die Anfechtung zum Verstoß gegen die Regeln in Form eines gefüllten Tellers hinhält, schnüffele nur daran, wirf den Kopf zurück und entferne Dich. Danach aber nimm Dir die Freiheit einer kleinen ausgelassenen Verwüstung. Ist Dein Besitzer Maler, dann widme Dich seinem Lieblingsbild. Ist er Autor, zerfetze seine neueste Erzählung.

REGEL NR. 15

Friß keine Zimmerpflanzen, und wenn, dann tue es im Verborgenen

Auch die stärkste Herrscher-Katze kann in Versuchung geführt werden. Und in den meisten Häusern erscheint die Versuchung in folgendem Gewand: *ficus, begonia, philodendron*.

Es ist ein uraltes Dilemma: Dein Besitzer wünscht sich üppige, große Blattpflanzen, die sein Heim verschönern und mit Sauerstoff bereichern sollen, und Du brauchst nun einmal Ballaststoffe. Was kann wichtiger sein, als daß Du eine ausgewogene Ernährung erhältst? Keine Sorge, Diskretion gehört schließlich zu den herausragenden Eigenschaften einer Herrscher-Katze – deshalb hier ein paar Tips:

- Konzentriere Dich auf die Seite der Pflanze, die zur Wand gerichtet ist. Was Dein Besitzer nicht sieht, wird ihn nicht quälen (und Dir keine Schwie-

rigkeiten verursachen). Vielleicht wird er sich fragen, wer seinem Zimmerfarn den asymmetrischen Haarschnitt verpaßt hat. Aber Du bist eine Herrscher-Katze. Laß ihn raten.

- Halte Dich an die kranken und kränkelnden Pflanzen. Erlöse sie von ihrem elenden Erdendasein. Aber mache einen großen Bogen um seltene Orchideenarten oder Bonsais.
- Vergiß nicht Deinen künstlerischen Anspruch. Pflanzenskulpturen sind der letzte Schrei. Versuche Dich an ein paar abstrakten Motiven, dann gehe zu Selbstporträts über.

Sei jedoch immer vorsichtig und achte darauf, was Du ißt. Viele Zimmerpflanzen sind giftig für Katzen, und zwar für Herrscher-Katzen ebenso wie für andere.

REGEL NR. 16

Diskutiere nie über eines Deiner anderen acht Leben mit Deinem Besitzer

Hier zeigt sich wieder einmal, daß nicht das Tratschen, sondern das Geheimnis die Sache der Herrscher-Katze ist. Nur weil Du immer auf Deinen Füßen landest, heißt das noch lange nicht, daß Du auch darüber reden mußt, wie Du das machst. Dein Besitzer möchte sich Dich an exotischen Orten und in surrealistischen Situationen vorstellen. Wenn er wüßte, daß Du die vergangene Nacht in der Mülltonne gefangen verbracht hast, wo Du nach den Essensresten suchtest, die Du am Mittwoch verweigert hast, würde er anfangen, Dich für ein nur allzu wirkliches Wesen zu halten.

Also laß ihn weiter träumen. Laß es Dir nicht anmerken, wenn Deine anderen Leben wenig aufregend waren. Wiege ihn vielmehr in dem Glauben, Du seist eine ägyptische Gottheit, ein königlicher Rattenfänger, die Vertraute einer Zarin oder Shirley MacLaines Bettwärmer gewesen. Und sollte er je die Unverschämtheit besitzen, Dich direkt danach zu fragen, dann schlage dreimal schnell hintereinander mit Deinem Schwanz auf den Boden – das ist die Art und Weise, in der Herrscher-Katzen sagen: »Jetzt ist aber Schluß!«

EIN PAAR HINWEISE ZUR SEMANTIK

Da wir gerade von »jetzt ist aber Schluß« sprechen: Es gibt ein paar Begriffe, die Besitzer von Herrscher-Katzen besser vermeiden, denn sie sind unfreundlich, überholt und auch ein wenig verletzend.

Katzenjammer (eine Herrscher-Katze jammert nicht und schon gar nicht nach einem ausgelassenen Abend)

Einen Kater haben (eine sehr unhöfliche Assoziation)

Katzbuckeln (so stellen sich sehr naive Menschen das Leben einer Herrscher-Katze vor)

Katzenwäsche (hier werden die Tatsachen verdreht)

Katzensprung (dito)

Katzenklo (wer will denn das noch hören?)

Katzenmusik (die Menschen sollten sich mal selbst hören, s. o.!)

Die Katze im Sack kaufen (eine Herrscher-Katze läßt sich nicht in einen Sack stecken, völlig unsinniges Sprichwort)

Katz-und-Maus-Spiel (was heißt hier Spiel?)

Alles für die Katz (schön wär's!)

REGEL NR. 17

Kreische nicht, fauche nicht, und vor allem: jaule nicht

Es wird sich wahrscheinlich nicht ganz vermeiden lassen, aber eine Herrscher-Katze bemüht sich doch, diese Dinge zu unterlassen. Denn selbst der ergebenste Besitzer einer Herrscher-Katze wird vor

Schreck in Ohnmacht sinken, wenn Du anfängst, ihn an eine Debatte im Bundestag oder einen Streit im Hause seiner Schwiegermutter zu erinnern. Abgesehen davon ist ein gutes »Miau« in den meisten Situationen die angemessene Art der Kommunikation. Fürchtest Du jedoch um Leib und Leben, dann ist ein solides Kreischen natürlich angesagt. Wenn ein Hund, ein Staubsauger oder irgendein anderes räuberisches Wesen Dich in die Enge treibt, dann wird das dramatische und lebhafte Fauchen (denke dabei an Blanche Dubois oder Else Tetzlaff) Dir die angemessene Aufmerksamkeit einbringen. Sollte Dich einmal dieses gewisse unnennbare und unstillbare Gefühl überkommen, dann gib Dich getrost dem Jaulen hin. Aber nimm Dir Placido Domingo zum Vorbild, oder begib Dich außer Hörweite. Eine Herrscher-Katze möchte, daß man ihr Blumen und Süßigkeiten zuwirft – keine Schuhe.

REGEL NR. 18

Ein Schläfchen ist niemals nur ein Schläfchen

Es gibt zwei Wege des Schläfchens für Katzen – der eine ist der Schlaf der Herrscher-Katzen, der andere ist einfach ein Holzweg.

Für die gewöhnliche Hauskatze ist ein Schläfchen ein Schläfchen: Kleine schläfrige Auszeiten, die sich leicht über 23 oder 24 Stunden des Tages erstrecken können. Aber für eine Herrscher-Katze ist ein Schläfchen nicht weniger als ein Arbeitsurlaub und die Gelegenheit, ihren Besitzer mit ihrer Feinsinnigkeit, Sensibilität und ihrem somnambulen Stil zu betören. Besitzer wollen immer über Dein wahres Ich rätseln und über Dein Leben phantasieren. Während Du ein Nickerchen machst, bist Du die Inkarnation des Guten in der Welt (oder zumindest hier im Zimmer). Und Dein Schlafen unterstützt die Vorstellung, Du seist beschäftigt, und Deine Zeit sei knapp und kostbar. Du stehst Deinem Besitzer ausschließlich nach *Deinem* Terminkalender zur Verfügung, nicht nach seinem.

Der Besitzer einer erfolgreichen Herrscher-Katze muß sich jeden Tag aufs Neue fragen: »Warum bin gerade *ich* der Glückliche? Gewiß, es hat den Anschein, als würde das Tier mich gar nicht beachten, aber – Madonna mia! – sie schläft wie eine Vision von Fellini!«

Also, schlafe nicht einfach so dahin. Ein Herrscher-Schläfchen benötigt ebensoviel Energie wie jede andere Herrscher-Aktivität. Wenn Du mit den Regeln erst anfängst, wirst Du vielleicht den ein oder anderen Nicht-Herrscher-Schlaf nötig haben. Aber laß es niemanden wissen. Verstecke Dich unter dem

Sofa oder in den Büschen, laß Dich nicht einfach irgendwo fallen oder döse weg. Wenn Dein Besitzer Dich während Deiner wachen Stunden wie eine Gottheit verehrt, dann wird ihn nichts mehr stören, als Dich völlig weggetreten, rücklings ausgestreckt auf irgendeiner vulgären Unterlage wie zum Beispiel Linoleum liegen zu sehen. Sicher, es ist manchmal hart, sich an die Regeln zu halten, aber Linoleum ist noch härter.

REGEL NR. 19

Ein Herrscher-Schläfchen ist Vorbereitung …

Schlafe nicht einfach drauflos. Plane Deine Herrscher-Schläfchen von langer Hand (oder Pfote) danach, wann Dein Besitzer zu Hause und bereit ist, Deine physische und optische Besonderheit zu würdigen. Und mach dir keine Gedanken darüber, daß andere Katzen vielleicht hübschere Schwänzchen, zartere Näschen oder weichere Pfötchen haben. Die gewöhnlichste Streunerkatze verwandelt sich in ein überirdisch schönes Rassetier, wenn sie die Regeln beherrscht. Nun zieh kein Gesicht, weil Dir eigentlich gar nicht nach einem Schläfchen zumute ist. Die *Regeln für Katzen* haben nichts mit dem zu tun, wonach Dir gerade ist, sondern nur damit (und wir sagen das gern zum hundertsten Mal), wie man nach ihnen lebt.

REGEL NR. 20

Ortswahl

Mache Dir keine Gedanken darüber, in der Gegend herumzuliegen. Dein Besitzer findet das toll. Aber vermeide unbedingt unattraktive, ungesunde, belanglose oder unschöne Orte. Der Fußbo-

den ist in Ordnung, aber eine Herrscher-Katze versteht es, so zu liegen, daß das Muster des Teppichs zu der Farbe ihres Pelzes paßt. Wenn Du die Gemüse- und Fleischbehälter im Kühlschrank liebst, dann ist das zwar völlig verständlich, aber Du solltest dort kein Schläfchen halten. Schlafe in Wäscheschubladen. Dein Besitzer wird es wunderbar finden, wenn Du seine Unterwäsche anwärmst. Und der Kühlschrank ist einfach zu kalt für irgendetwas anderes als eine plötzliche Ausgelassenheit (aber hüte Dich vor der bösen Kühlschranktür!). Vermeide unbedingt üble Plätze wie die Ecke unter dem Spülbecken in der Küche oder die Nähe der Toilette. Dein Besitzer wird Dich sonst mit Scheuerpulver, Abfall oder noch schlimmeren Dingen in Verbindung bringen. Wenn Du ein Schläfchen machst, dann suche Dir ungewöhnliche, ja am besten besonders originelle Plätze aus. Gut gepolsterte Ottomanen oder Telefonbücher sind ein guter Anfang, aber eine Herrscher-Katze sollte ihre künstlerische Inspiration walten lassen. Probiere das Klavier aus, die Arbeitsplatte in der Küche, die Tiffany-Lampe. Wir kennen eine Herrscher-Katze, die als kleines Kätzchen ihr erstes Herrscher-Schläfchen im Baseball-Handschuh ihres Besitzers hielt. Ein brillanter Einfall – katzenhafte Geschmeidigkeit trifft auf des Amerikaners liebste Kindheitserinnerung. Er vergöttert sie seither.

REGEL NR. 21

... und Verschönerung

Dein Besitzer möchte nicht sehen, wie Du Dich pflegst, sondern möchte einfach nur das Ergebnis Deiner Bemühungen verherrlichen. Herrscher-Katzen putzen sich nicht in Gegenwart ihrer Besitzer. Das heben wir uns für unsere kostbare Freizeit auf.

Aber ebenso wie bei dem Wink mit dem Haarball sollte Dein Besitzer doch wissen, wieviel Anstrengung und Zeit Du darauf verwendest, *für ihn* besonders schön auszusehen. Deshalb putze Dich einen Moment lang, bevor Du die perfekte Position für Dein Schläfchen

einnimmst. Lecke ungefähr 100 Mal gut gezielt und rasch über Dein Fell – nicht nur Du selbst wirst Dich besser fühlen, sondern das wird Deinem Fell den luftigen und duftigen Eindruck verleihen, der das Schläfchen zum Kunstwerk macht.

REGEL NR. 22

... und immer eine perfekte Position

Wenn du eine Pose einnimmst, dann wird die Welt Dir zu Füßen liegen. Wenn Du Dich plump verhältst, bleibst Du allein. Hier sind drei der klassischen Schlafpositionen einer Herrscher-Katze.

Das samtene Croissant

Die siamesische Große Pose

Der Löwe der New Yorker Stadtbücherei

REGELN AUS ALLER WELT

Herrscher-Katzen machen die Regeln, und Du solltest auf jeden Fall die Grundausstattung an Regeln, für jeden Besitzer passend, kennen. Aber jeder Besitzer ist anders (wenn auch nicht so besonders wie seine Katze), und verlangt in jedem Fall einige Regeln, die für ihn und nur für ihn gelten. Wenn Dein Besitzer zum Beispiel übermäßig sportlich ist, dann solltest Du eine weitere Regel wie: »Regel Nr. 37: Vorsicht, der Expander schlägt zurück!« hinzufügen. Läßt Dein Besitzer Dich an seiner Karriere als Autor teilhaben, dann wäre ein Zusatz wie: »Regel Nr. 38: Ein Bär will vielleicht nach oben, eine Herrscher-Katze ist bereits dort« angebracht.

Hier folgen ein paar persönliche Regeln, die uns gewisse Herrscher-Katzen kürzlich übermittelt haben. Vielleicht helfen sie Dir dabei, die richtigen Regeln für Deine besondere Situation zu entwickeln:

FRANZ (Helmut Kohls Hauskater)
Regel Nr. 74: Verschwende keinen Gedanken auf Essensreste, denn es wird keine geben.

NORMAN (Itzhak Perlmans Perser)
Regel Nr. 42: Reg' Dich nicht auf, diese Saiten sind nicht aus Katzendärmen.

DISRAELI (Margaret Thatchers Siamkater)
Regel Nr. 56: Auch wenn Deine Besitzerin auf »Baroness« hört, höre Du nicht einmal auf »Prinzessin«.

OTTO (Birmakater von Jürgen Schneider)
Regel Nr. 172: Du kannst gern das Toupet Deines Besitzers künstlerisch bearbeiten, jedoch nicht, wenn dieser schnell ins Ausland muß.

MR. ROURKE (der Perser von Königin Elisabeth)
Regel Nr. 87: Was man tun kann, wenn es mehr Zimmer im Haus gibt, als man kräftemäßig schafft.

AGNES (Julia Ormonds Mischling)
Regel Nr. 67: Was Du tun kannst, wenn die Karriere Deiner Besitzerin schneller vorbei ist als Dein Abendessen.

REGEL NR. 23

Die Goldene Krallen-Regel

Es ist ganz einfach: Mache einen Bogen um jedes Objekt, dessen Wiederbeschaffung mehr kostet als das durchschnittliche Krallenausziehen. Alles übrige ist zur Jagd freigegeben.

Sei schlau. Wenn Du es auf die Louis-XV-Sitzbank

abgesehen hast, greife Dir lieber den Beanbag. Wenn es Dich nach dem Chanel-Kostüm gelüstet, halte Dich an den Trainingsanzug aus Ballonseide. Wenn Du Hunger auf das Chippendale-Stuhlbein hast, hol Dir lieber ein ordentliches Stück aus dem Bein Deines Besitzers.

REGEL NR. 24

Pullover, Schleifen und Tiaras: Wie man mit peinlichen Kleidungsstücken umgeht

Wenn Weihnachten naht, und es Zeit ist für dieses lächerliche Mäntelchen, das Deine Besitzerin Dir gestrickt hat, dann ist die *natürliche* Reaktion, zu flüchten und sich bis zum 1. Januar unter dem Trockner zu verstecken. Aber eine Herrscher-Katze ist nicht natürlich. Sie weiß, daß Besitzer ihre sadistischen Bedürfnisse befriedigen, indem sie kleine Grausamkeiten wie das Absingen von »Stille Nacht« oder das Befestigen eines Silberglöckchens um deinen Hals begehen. Sie sind schließlich nur Menschen.

Laß es also geschehen, daß Du wie ein Model in einem Tiergeschäft aufgemotzt und ständig von irgendwelchen Tanten und Onkels fotografiert wirst – sei es nun mit einer Weihnachtsmannmütze, irgendeinem Karnevalskostüm oder Osterhasenohren. Du willst

Deinen Besitzer zufriedenstellen, also sei nachsichtig und gönne ihm seine kleine Vorstellung. Gewiß, es wird Dich anöden, aber Du kannst immer noch ein kleines Schläfchen machen und es so ertragen.

Aber vergiß nicht, mit welch dämlichen Kostümen die Katzen in *Cats* auf die Bühne treten mußten. Und denke an Regel Nr. 23. Wenn die Sache nicht unglaublich teuer ist (und wie könnten sie es wagen, Dir etwas Billiges anzuziehen?!), setze Dich mit einer schönen altmodischen Trotzreaktion durch – nimm Deine Strafkrallen zu Hilfe.

REGEL NR. 25

In jedem Leben sollte man mal ein Haar finden: Wie man am besten haart

Haare sind die Visitenkarte einer Herrscher-Katze. Sie lassen jeden im Haushalt wissen, daß Du, obwohl Du so unnahbar und abwesend erscheinst, Dich doch unermüdlich in das Alltagsleben einbringst. Die Auswirkungen dieser Deiner Betätigung sind natürlich mitunter etwas schwer zu erklären, zum Beispiel wenn der Computer Deines Besitzers den Geist aufgibt, oder wenn die Fleischbällchen so aussehen, als müßte man sie mal rasieren, aber gut Ding will Weile haben. Dein Besitzer betet Dich an, und so wird er auch lernen, selbst die kleinsten aber allgegenwärtigen Beweise Deiner Gegenwart zu schätzen.

Allerdings mußt Du die Sache immer interessant gestalten. Du bist eine unvergleichliche Kreatur, kein

Mann haart so wie Du. Schon bevor Du das hier gelesen hast, hast Du bestimmt zwei Stühle, einen Pullover und einige Hosenbeine gestreift. Aber eine Herrscher-Katze vergißt auch nie die Zahnbürste, den Obstkorb und den Steinway. Wie wäre es mit dem neuen Aufsatz auf den Eßzimmertisch? Und da eine Herrscher-Katze immer erfreut ist, ihrem Besitzer bei der Garderobe behilflich sein zu können, laß dir Zeit mit der Auswahl, welche Haare am besten zu seiner Wildlederjacke, seinem Leinenjackett oder gar zu seinem Gesicht passen.

Wie immer Du es arrangierst, sei Dir stets einer Tatsache bewußt: Keine Haare sind schlechte Haare – denn dann könntest Du ja in Vergessenheit geraten.

REGEL NR. 26

Laß Deinen Besitzer Dein »Herrchen« sein – jedenfalls meistens

Eine Herrscher-Katze sollte Ihren Besitzer glauben lassen, daß er die Verantwortung trägt, daß er der Führende und die weiter entwickelte Spezies ist – kurz, daß er »Herrchen« ist. Natürlich ist eine Herrscher-Katze sich immer ihrer Überlegenheit bewußt, aber bei den Regeln geht es auch darum, zu verbergen, wer und was man ist – was allerdings, zugegeben, manchmal ein wenig schade ist. Aber eine Herrscher-Katze ist gewiß kein trauriges und verklemmtes Geschöpf. Vielmehr haut sie in regelmäßigen Abständen gehörig ihre Krallen in den Tisch des Hauses.

REGEL NR. 27

Liebe nur die, die Dich auch lieben. Aber liebe sie nicht zu sehr

Ja, natürlich liebst Du Deinen Besitzer. Aber vielleicht hegst Du ja auch Gefühle für seine Familie oder auch ein paar seiner Freunde. Nur eines mußt Du Dir immer klar machen: In jeder Beziehung gibt es den »Liebenden« und den »Geliebten«. Müssen wir das noch näher ausführen?

Eine Herrscher-Katze liebt richtig, solange sie nicht die Regeln ausdehnt, verbiegt oder gar bricht. Du mußt Deinen Besitzer lieben, um ihn dazu zu bringen, daß er Dich noch mehr liebt, und zwar, indem Du Dich an die Regeln hältst, und nicht irgendwelche komischen Verhaltensweisen an den

Tag legst. Schau Dir nur unseren Tango-Kater an. Er sieht aus wie Al Pacino oder Tom Jones. Süß, aber ein wenig heruntergekommen. Als nächstes wird man wahrscheinlich ein Video mit ihm an »Versteckte Kamera für Haustiere« schicken.

REGEL NR. 28

Mache Deinen Besitzer nur allmählich mit Deinen Nachkommen bekannt ... und andere Tips für alleinerziehende Mütter

Was auch immer Du tust, lasse nicht zu, daß Dein Besitzer Deine Jungen anfaßt, bevor Du wieder fit und bereit bist. Und laß nicht zu, daß sie zur Adoption freigegeben werden, ehe sie entwöhnt sind. Die Freuden der Mutterschaft sind immer noch zweitrangig gegenüber den Freuden, eine Herrscher-Katze zu sein. Dein Besitzer mag verzweifelt sein angesichts dieser vielen Mäuler, die es zusätzlich zu stopfen (und wegzuschenken) gilt, aber das soll Dich nicht stören. Ein Wurf junger Katzen kann genau das Richtige sein, um Deinem Besitzer eine unterwürfige und sentimentale Aufmerksamkeit für jeden Deiner Maunzer beizubringen.
Also, wenn Du einigermaßen fit bist, und wenn Regel Nr. 11 auf Dich nicht zutrifft, dann such Dir den nächstbesten Kater und laß es Dir zeigen. Auf geht's!

REGEL NR. 29

Du bist die Nummer Eins: Wie man mit der »anderen Katze« umgeht

Wenn Du Deinen Besitzer mit einer anderen Katze teilen mußt, wirst Du vielleicht freundschaftliche Gefühle entwickeln. Da ist ein anderer warmer Körper, an den man sich schmiegen kann, und der hat sogar ein Fell. Aber die Zuneigung einer Herrscher-Katze muß hart erarbeitet werden. Distanziere Dich also von diesem anderen Tier und übe höfliche Zurückhaltung. Jedenfalls für einige Zeit.

Die Spannungen zwischen Dir und der anderen Katze können manchmal kumulieren, wenn es um den Platz auf dem Sofa oder am Futternapf geht. Die Herrscher-Katze wird jedoch einen Weg finden, diesen Konflikt friedlich zu lösen, ohne daß es zu einer Balgerei kommt. Solche Kämpfe zwischen Katzen sind absolut nicht im Sinne der Regeln, sondern sind definitiv »Denver Clan« – oder »Melrose Place«-Niveau.

Sollte die andere Katze jedoch eine Herrscher-Katze sein, dann könnt ihr gemeinsam den Regeln folgen. Zwei Herrscher-Katzen sind immer besser – und gnadenloser – als nur eine.

EIN OFFENER BRIEF AN SOCKS,
DIE VERTRETUNG DER HERRSCHER-KATZEN
IM WEISSEN HAUS:

BESONDERE TIPS FÜR DIE ZWEITE AMTSZEIT

Regel Nr. 1:

Sei eine unvergleichliche
Zweiparteien-Kreatur

Regel Nr. 2:

Komm, wenn sie Dich rufen, sonst erhältst
Du eine Vorladung

Regel Nr. 3:

Und wenn Du haarst, achte darauf, daß Du Dich
nicht selbst belastest

Regel Nr. 4:

Nur weil Chelsea nun zur Uni geht, heißt das nicht, daß sie Dich nicht mehr lieb hat

Regel Nr. 5:

Versuche, ein Haarknäuel auf das Einundzwanzigste Jahrhundert auszuwürgen

Regel Nr. 6:

Sitz niemals auf, sondern nur an runden Tischen

Regel Nr. 7:

Wie der Präsident George Stephanopoulos auch behandelt, er ist trotzdem nicht Dein Kratzbaum

Regel Nr. 8:

Brich das Gesetz, aber nicht die Regeln

REGEL NR. 30

Eine Herrscher-Katze achtet auf ihre Figur, aber ihr Besitzer tut es noch mehr

Mach Dir klar, was für ein Typ Dein Besitzer ist, und dann halte Dich daran. Einige Besitzer mögen eher eine schlanke Erscheinung. Ist das auch bei Deinem Besitzer der Fall, dann orientiere Dich an Claudia, Naomi und Kate, diesen Karriere-Frauen, die auf den Laufstegen der Welt gute Arbeit leisten. »Catwalk« nennt die Modewelt diese Bretter, die für ihr Geschäft so viel bedeuten – nach Deiner geheimnisvollen Art, daherzustolzieren. Also: halte Dich an den Thunfisch und achte darauf, daß Du zwischen den Schlafeinheiten genügend Bewegung hast. Dein Besitzer wird die harte Arbeit, die Du für Deine Figur leistest, zu würdigen wissen, und außerdem wird er sich freuen, daß nicht jedesmal ein paar Rippen gebrochen sind, wenn Du ihm auf die Brust springst.

Auf der anderen Seite (und dies für alle fetten Katzen) ist es einfach so, daß eine Herrscher-Katze, die ein paar Kilo mehr hat, auch mehr bietet, was man lieben muß. Viele Besitzer ziehen eine Katze vor, die aussieht wie Liz Taylor während ihrer John-Warner-Phase. Und wenn Du so viel wiegst wie ein Kleinwagen, dann wird es sich Dein Besitzer zweimal überlegen, Dich von irgendwelchen „unerlaubten" Schlafplätzen zu holen, vor allem, wenn er schon einen Bandscheibenvorfall hatte.

Richte Dich also nach Deinem Besitzer – durch dick und dünn.

Cornflakes oder Süßigkeiten? Der Besitzer soll's entscheiden.

REGEL NR. 31

Keine Müdigkeit aufkommen lassen. Auch wenn Du Zugang zu Bett, Sofa und Wäscheschubladen hast, brauchst Du doch immer noch die Regeln

Diesen Alptraum kennt jede Herrscher-Katze: Du hast die Schoß-Stündchen auf ein Minimum beschränkt, Du warst ausgelassen *und* geheimnisvoll, Du bist niemals gekommen, wenn sie Dich riefen und Du hast Dich zum Schläfchen immer so in Kurven gelegt, daß Modigliani vor Neid erblaßt wäre.

Aber vielleicht hast Du ein wenig zuviel oder zu laut geschnurrt. Möglicherweise hast Du das Filet Mignon vom Samstag am Donnerstag morgen noch angenommen. Oder Du hast den liebsten Zimmerfarn Deiner Besitzerin ohne jedes Gefühl für künstlerische Verantwortung zerzaust – schon passiert!

Und auf einmal wirst Du von Deinem liebsten

Armsessel vertrieben, und eines Tages thront auf Deinem schönsten Fensterplatz ein brandneues Faxgerät. Oder Du erwachst von einem Schläfchen und siehst Deinen Besitzer mit einem Cockerspaniel-Welpen zur Tür herein kommen. Igitt!

Das Problem ist, daß, wie hart Du auch immer gearbeitet hast, um Deinen Besitzer in den Griff zu bekommen, ein oder zwei Entgleisungen schon Deinen Status von einem vornehmen Gegenstand der Meditation und Verehrung in den Stand einer gewöhnlichen Hauskatze verwandeln können. Aber während Tonya Harding oder Joan Collins mit Eisenstangen oder Intrigen auf sehr ordinäre Weise gegen Konkurrentinnen vorgehen, kommt doch etwas so Gewöhnliches nicht für eine Herrscher-Katze in Frage.

REGEL NR. 32

Sprich nicht mit Deinem Analytiker über die Regeln

Wir leben in schwieriegen Zeiten – wir leben neun schwierige Leben. Mit dem Schicksal der Hutus und der Tutsis, der Bsonier und der Serben, der Armen und der Reichen in den westlichen Metropolen vor Augen, muß eine Herrscher-Katze schon ein wenig mehr Zuneigung zeigen, wenn sie ihrem Besitzer ein Dutzend Sitzungen für 150 Mark die Stunde beim Katzen-Psychiater entlocken will. Scheue Dich also nicht, Dich etwas häufiger am Hosenbein Deines Besitzers zu reiben. Bleibe ein paar Minuten länger auf dem Schoß. Und genehmige Dir ein etwas lauteres Schnurren als die Regeln eigentlich vorsehen (versuche statt des „vibrierenden Piepers“ den »Pürierstab, Stufe 1« aus).

Auf jeden Fall solltest Du Deinen Analytiker an einigen Teilen Deiner zahlreichen Leben teilhaben lassen. Spreche mit ihm über die Probleme innerhalb Deines Wurfes. Erzähle ihm von Deiner Angst vor dem Schaukelstuhl, dem Staubsauger und davor, auf immer im Dielenschrank eingeschlossen zu werden. Dein Katzen-Analytiker ist um Dich bemüht, er möchte, daß Du glücklich bist (für 150 Mark die Stunde würden viele Leute Dich gern glücklich machen).

Unter den vielen Empfehlungen Deines Analytikers werden vor allem mehr Schlaf, mehr Zeit für Dich selbst und die gründliche Lektüre des Buches *Meditationen für Katzen, die zu viel arbeiten* sein. Höre auf Deinen Arzt. Aber nicht zu sehr. Und sprich niemals mit ihm über die Regeln, und zwar aus den folgenden recht einfachen Gründen:

Einige Analytiker werden versuchen Dir einzureden, daß die *Regeln für Katzen* unehrlich und manipulierend seien. Sie werden Dir vorhalten, daß das menschliche Charakterzüge seien, die bei Katzen sehr unvorteilhaft wirken. Sie werden Dich dazu bringen wollen, Deine Gefühle offener zu zeigen, mehr zu vertrauen und liebevoller zu sein. Das scheint ihre Lösung für jedes Problem zu sein, und es ist in der Tat ein sehr sinnvoller Hinweis für den Umgang mit Familie und Freunden. Für neurotische Leute scheint das auch eine gute Sache zu sein, aber nicht für Katzen. Eine Herrscher-Katze ist eine unvergleichliche Kreatur und nicht irgendein schmusigsüßes Fellbällchen.

Die meisten Analytiker haben keine Ahnung davon, wie schwer es ist, einen Besitzer zu trainieren. Sie wissen nicht, welche sorgfältige Planung es verlangt, unsere Besitzer dazu zu bringen, aufmerksam zu sein, uns zu gehorchen und uns anzubeten. Wenn Analytiker wüßten, was wir durchmachen, dann würden sie uns raten, daß wir uns ganz auf uns selbst konzentrieren, anstatt den Zeitplänen irgendwelcher

anderer Leute hinterher zu hetzen. Aber Katzenstreu muß nun einmal zu einer bestimmten Zeit erneuert werden, und diesen Zeitpunkt bestimmen wir.

Ein anderer Grund, warum Du mit Deinem Analytiker nicht über die Regeln sprechen solltest, ist der, daß Du damit die übliche Regel-oder-nicht-Regel-Diskussion vermeiden kannst. Warum das wichtig ist? Weil Du siegen würdest und dann würde sich Dein Analytiker sehr klein fühlen. Und Dein Analytiker ist ja bereits ein Seelenklempner für Katzen. Wie weit könnte er denn noch sinken? Heilpraktiker für Hamster?

REGEL NR. 33

Keine Angst vor weißen Kitteln: Wie man sich gegenüber dem Tierarzt verhält

Vielleicht magst Du es nicht, vielleicht haßt Du es sogar – aber eine Herrscher-Katze braucht ihren regelmäßigen Gesundheits-Checkup. Du mußt den Tierarzt aufsuchen, und wie Du mit dieser Notwendigkeit umgehst, hat viel mit Deiner inneren Einstellung zu tun. Alles, was wir Dir raten können, ist: Entspanne Dich, atme tief durch und bleibe cool.

Denn es gibt Leute, die sowohl die Zwangsjacken als auch die Muskeln für neurotische Patienten unter den Herrscher-Katzen besitzen. Und ganz gleich, ob Gucci oder Prada sie entworfen hat: Muskeln sind für Hunde, und Zwangsjacken für den Kuckuck.

REGEL NR. 34

Zerbrich Lampen, zerbrich Nippes, aber brich niemals die Regeln

Gewiß, es macht viel Arbeit, nach den *Regeln für Katzen* zu leben, es kann die härtesten Herrscher-Kätzchen an den Rand des Wahnsinns bringen. Wenn Du es also mal wirklich brauchst, dann laß Deine Katzen-Dämonen aus dem Sack und ruiniere alles im Haus, was Dein Besitzer nicht gegen Katzenbruch versichert hat. Es wird Dir viel Spaß machen, und er (und seine Versicherung) werden den Schaden dem Ausgelassenen und Geheimnisvollen in Dir zuschreiben.

REGEL NR. 35

Zeige Kreativität bei der Mäusejagd: ein paar Tips

Jede Herrscher-Katze weiß, daß die Jagd auf Mäuse ungefähr nach den ersten 2000 Mal etwas langweilig wird. Wenn Besitzer sich auch vor Mäusen (toten wie lebendigen) oft ekeln, so erwarten sie doch, daß Du es regelmäßig tust. Vor allem das professionelle Katz-und-Maus-Spiel (krallen, ein wenig weglaufen lassen, wieder krallen …) finden sie zwar grausam, aber es jagt ihnen Grusel-Schauer über den Rücken, die sie offenbar nicht unangenehm finden. Da die Herrscher-Katze ihren Besitzer befriedigen will (allerdings: nicht zu viel), ganz gleich, wie langweilig diese Aufgabe sich gestaltet, haben wir hier ein paar Szenarios entworfen, die die Sache etwas abwechslungsreicher gestalten können.

AUS DER POLITIK

Der Bill: Du bist der 49. Präsident der Vereinigten Staaten; die Maus ist ein Double Big Mäc.

Der Kohl: Du bist der Kanzler der Einheit, die Maus ist der Solidarzuschlag.

Der Grüne: Du bist Joschka Fischer, und die Maus rotiert gerade.

Der Sozi: Du bist die SPD und kannst Dich nicht entscheiden, welche Maus Du nehmen sollst.

Der Waigel: Die Maus ist auch da, aber der Käse ist voller Löcher.

Der Jelzin: Du bist betrunken, und wer ist das süße kleine Kätzchen da vor Deiner Nase?

AUS DER UNTERHALTUNG

Der Meiser: Die Maus haßt Dich und vertreibt noch nicht mal die Fliegen.

Der Fliege: Die Maus liebt Dich. Du liebst Dich. Alle lieben Dich.

Der Schreinemakers: Du bist Margarete, und was gehen Deine Mäuse die Steuer an?

Der Lemke: Welches Mäuschen hättest Du denn gern?

Der Gates: Du hast die Maus fest im Griff und den Apfel noch dazu.

Der Schumi: Du fährst Ferrari, und die Maus sitzt im Renault.

REGEL NR. 36

Wie man mit Wolle spielt, ohne sich selbst zu entwürdigen

Katzen spielen mit Wolle. Aber eine Herrscher-Katze verwandelt das gedankenlose Spiel mit Schnüren in Arbeiten kinetischer Kunst. Sie weiß, daß ihr Besitzer nach diesen Momenten der künstlerischen Vervollkommnung seiner Herrscher-Katze dürstet. Die Welt ist Deine Palette, und das Sofa, der Stuhl und

der Couchtisch sind es auch. Vergewissere Dich nur, daß das Garn es auch wert ist, daß Du Deine Fähigkeiten darauf verwendest. Halte Dich an Angora, Wildseide und das gute alte Kaschmir. Du bist eine Herrscher-Katze und hast Deine Ansprüche.

REGELN, REGELN
UND NOCH MEHR REGELN

Nachdem die *Regeln für Katzen* so viel Aufsehen erregt haben, haben viele unserer Freunde und Kollegen im Königreich der Haustiere versucht, auf den Zug aufzuspringen. Hier sind ein paar der Bücher genannt, von denen wir durch das (perfekt gesponnene) Katzengarn gehört haben:

Die Regeln für Schnecken
Regel Nr. 4: Eine Schnecke findet auch mal ein Korn

Die Regeln für vietnamesische Dickbauchschweine
Regel Nr. 32: Perlen werden eben nicht vor die Säue geworfen

Die Regeln für Faultiere
Regel Nr. 11: Sei unvergleichlich mit drei unvergleichlichen Zehen.

Die Regeln für Tamagotchis
Regel Nr. 7: Stirb langsam, Genosse, sonst verliert Dein Besitzer die Lust an Dir.